Género Fantasía

I0799611

Pregunta esencial

¿Cómo hace la gente para llevarse bien?

EL MEJOR CUMPLEAÑOS

Diego Kochmann
ilustrado por Oscar Ospina

CAPÍTULO 1

LA CASA DE LOS ABUELOS

El próximo sábado será el cumpleaños de Yona. Ella está muy contenta y espera el día con ansiedad. Le gustan los regalos pero, sobre todo, le divierten mucho las fiestas. En especial cuando ella es la homenajeada. Ya está pensando en todos los juegos que compartirá con sus amigos y su hermano Bruno.

—El juego que más me gusta es el de saltar de un árbol a otro. Soy muy buena para eso, y no me da miedo —dice Yona.

—Yo siempre gano en la competencia de trepar más rápido un árbol —dice Bruno—, y también me encanta jugar a quién aguanta más tiempo colgando de una rama sostenido sólo con la cola.

La mamá observa cómo Yona planea la fiesta con tanto entusiasmo. Por eso le entristece tener que decirle que no podrá invitar a sus amigos.

—Este año iremos a la casa de los abuelos, al otro lado de la selva.

—Pero yo quiero festejar con mis amigos, mamá.

—Entiendo que prefieras compartir el día con tus amigos, pero esta vez decidimos organizar una reunión familiar.

Al contrario de su hermana, Bruno está feliz por la idea. Y salta y hace piruetas por el aire como un verdadero mono loco de alegría.

Yona está pensativa y un poco molesta. Ella quiere mucho a sus abuelos, pero no desea hacer un viaje tan largo.

Además, con ellos no puede jugar en los árboles ni hacer carreras.

—Entiendo que te sientas apenada —dijo su papá—. Pero verás que la pasaremos muy bien en la casita del árbol de los abuelos.

—También vendrán tío Mako, tía Lula, y tus primos, que tanto te aprecian —dijo su mamá.

Pese a las palabras de sus padres, Yona sigue pensando en sus amigos. Y lanza un pequeño suspiro triste.

Bruno, su hermano, que la quiere mucho, también se acerca para consolarla.

—No te pongas así —le dijo—. Nos divertiremos mucho. ¡Ya verás lo bien que lo pasaremos con los abuelos, los tíos y los primos!

CAPÍTULO 2

UN LARGO VIAJE

Bruno fue el primero en preparar su mochila. Al poco tiempo bajan del árbol los padres, cada uno con su equipaje. La madre le pregunta a Bruno si no se olvida de nada.

—¿Llevas el cepillo de dientes?

—Sí, mamá.

—¿Y el peine?

—Pero no hace falta un peine, mamá. Todos los monos estamos siempre un poco despeinados.

Los padres ríen. Están esperando a Yona. ¿Qué le pasará que no baja?

Los padres le piden a Bruno que se fije por qué su hermana demora tanto tiempo. Trepa por el árbol a gran velocidad, y ve a su hermana sentada sobre la cama. Está en silencio; su mochila permanece aún vacía.

—Yona, ¿qué ocurre? —le pregunta su hermano.

—No quiero ir —dice Yona.

Bruno les hace una seña a sus padres para que suban. En un instante llegan hasta la casa, y entre todos cooperan para armarle la mochila a Yona.

La madre se sienta en la cama, al lado de la pequeña Yona.

—Escucha, hija, tengo algo importante para decirte —dice la madre.

Entonces le explica que no hay motivos para sentirse mal, y le seca una lagrimita que cae despacio por su mejilla. La abraza y le acaricia la cabeza.

A Yona le agradan los mimos de su mamá, por eso se siente un poco mejor.

Es cierto que quiere mucho a sus abuelos y tíos, pero también piensa en sus amigos y la fiesta con juegos, y vuelve a entristecerse.

La madre le dice que la entiende, y que puede invitar cualquier otro día a sus amigos a jugar con ella.

—Ya está lista la mochila de Yona —dice de pronto el padre.

—Entonces, ¡es hora de partir! —dice Bruno, su hermano.

CAPÍTULO 3

VIAJE ENTRE LAS LIANAS

El viaje hasta la casa de los abuelos es largo, pero nada aburrido. En la selva existen plantas enredaderas muy resistentes, llamadas lianas. Los monos se cuelgan de ellas y van saltando de una a otra; así es como viajan. Yona nunca se había subido a una liana y le encanta poder desplazarse tan rápido.

—¡Es como volar! —dice entusiasmada mientras el viento choca con fuerza en su rostro.

El padre les pregunta a los niños si están cansados. Pero ambos le contestan que están bien, que no quieren detenerse.

—¡Esto es más divertido que los juegos que hacemos en casa! —dice Yona, ahora sí, muy contenta.

La madre aprovecha un descanso en el viaje para contarle a Yona que los abuelos la extrañan mucho.

Detective del lenguaje **¿Se usa el punto y coma en esta página? ¿Dónde? ¿Y por qué?**

—Es una pena que vivan tan lejos. De otra manera, seguramente nos veríamos más seguido.

Pero Yona vuelve a pensar en sus amigos, y le dan ganas de regresar.

Para entusiasmarla, el padre le comenta que la abuela preparó un budín de bananas muy especial. ¡Grande como la copa de un árbol!

—¿Sabes cuántas bananas utilizó para el budín?

Por supuesto que Yona no lo sabe.

—Más de mil.

—Tres árboles más y llegamos —anuncia el padre entusiasmado.

Y así es; un poco más allá los están esperando un montón de monos y monitos. Todos se saludan, se abrazan y sonríen de felicidad. El único rostro triste es el de Yona.

—Parece que estás de capa caída —le dice la abuela al verla—. ¿Qué te sucede? ¿No te agrada cumplir años?

La madre le explica la situación, pero la abuela le resta importancia.

—Ya se le pasará...

CAPÍTULO 4

¡QUÉ FIESTA DIVERTIDA!

En seguida, Bruno comienza a jugar con sus dos primos, que tienen su misma edad. Trepan por los árboles y juegan a arrojarse bananas y atraparlas en el aire. ¡Se nota que la están pasando muy bien!

Los primos advierten que Yona está sola e interactúan con ella para que se una a la diversión. Así es como la invitan a sus juegos. Ella acepta con pocas ganas, pero al rato ya se puede observar cómo se le escapa más de una sonrisa. Debe reconocer que sus primos son muy divertidos y una excelente compañía.

Finalmente, llega la hora de soplar las velitas. El budín no solo es grande, ¡es exquisito! Tanto que en pocos minutos no quedan más que unas pocas migas. La fiesta continúa en un clima muy alegre, con bromas y anécdotas muy divertidas sobre árboles, bananas y demás monerías. Yona también está disfrutando, y esta alegría le moldeó tanto el rostro que hasta parece otra mona; ahora se la ve mucho más linda.

El abuelo pide silencio para que la cumpleañera diga unas palabras. Ella se para y dice:

—Esta fiesta es magnífica para mí. Yo me siento muy dichosa de estar con ustedes.

Detective del lenguaje	**En la oración subrayada, ¿cuál es el pronombre personal?**

Llega el momento de despedirse. Yona les promete a los abuelos que también festejará su próximo cumpleaños con ellos. Y también les dice que vendrá más seguido a visitarlos. Cuando llegan a casa, abraza con fuerza a su madre.

—Tenías razón, mamá. Es muy lindo festejar el cumpleaños con toda la familia. ¡Ahora me gustaría hacer otra fiesta porque también es muy lindo festejar con los amigos!

Respuesta a la lectura

Resumir

Usa detalles importantes como ayuda para resumir *El mejor cumpleaños*.

Personaje	Pista	Punto de vista

Evidencia en el texto

1. ¿Cómo sabes que *El mejor cumpleaños* es un cuento de fantasía? **GÉNERO**

2. En la página 15, ¿qué piensa Yona después de la fiesta? ¿Cómo lo sabes? **PUNTO DE VISTA**

3. Usa claves de contexto para descubrir el significado de *estás de capa caída* en la página 12. **MODISMOS**

4. Escribe sobre lo que piensa Yona al final del cuento. Incluye detalles. **ESCRIBIR SOBRE LA LECTURA**

Género Texto expositivo

Compara los textos

Lee sobre una organización que ayuda a los niños a aprender y trabajar juntos.

Los primeros clubes 4-H se concentraron en el campo.

A comienzos del siglo XX se formó un grupo de clubes para niños y niñas. Estos clubes usaron la idea del aprendizaje "práctico". Enseñaban nuevas ideas sobre la agricultura a jóvenes que vivían en áreas rurales.

Los miembros de 4-H hacen amigos, aprenden destrezas y ayudan en su comunidad.

Hoy, los clubes 4-H tienen millones de miembros en todo Estados Unidos. Los niños y niñas de escuela primaria hasta la escuela secundaria aprenden a través de la práctica. Los clubes se centran en el liderazgo, las ciencias y la vida saludable. Los miembros interactúan entre sí y con sus comunidades.

Las 4 H representan la cabeza *(head)*, el corazón *(heart)*, las manos *(hands)* y la salud *(health)*.

Los clubes planifican y realizan sus propios proyectos. Algunos clubes se centran en ciencias de los animales. Crían y exhiben animales. Otros, se centran en actividades como computación, jardinería, cocina o manualidades.

¿Tienes una idea? ¡Un club 4-H puede ayudarte!

Algunos programas de 4-H enseñan destrezas a los niños que quieren ser veterinarios.

Haz conexiones

¿Por qué es importante cooperar con un compañero?

PREGUNTA ESENCIAL

¿Cómo sabemos que los personajes y las personas en ambos textos se llevan bien y son colaboradores?

EL TEXTO Y OTROS TEXTOS

Enfoque:

Estudios Sociales

Propósito Averiguar por qué es importante llevarse bien

Paso a paso

Paso 1 Investiga sobre un grupo en tu comunidad que ayude a la gente a llevarse bien. Puede ser un grupo en el que ya participes, como por ejemplo, un equipo deportivo o los niños exploradores. También puedes investigar sobre otro grupo.

Paso 2 Escribe un párrafo sobre el grupo. Cuenta qué hace el grupo y cómo le enseña a la gente a llevarse bien. Incluye detalles que muestren por qué ese grupo es especial.